환상한 새우

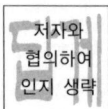
저자와
협의하여
인지 생략

환상학 서유

지은이 | 김 광 규
펴낸이 | 張 少 任
펴낸곳 | 답게

초판 인쇄 | 2009년 4월 1일
초판 발행 | 2009년 4월 6일

등 록 | 1990년 2월 28일, 제 21-140호
주 소 | 143-838 서울시 광진구 군자동 469-10호(2층)
전 화 | (편집) 02)469-0464, 02)462-0464 · (영업) 02)463-0464, 498-0464
팩 스 | 02)594-0464

홈페이지 | www.dapgae.co.kr
e-mail | dapgae@chollian.net, dapgae@korea.com

ISBN 978-89-7574-234-7

ⓒ 2009, 김광규

나답게 · 우리답게 · 책답게

* 책값은 뒤표지에 있습니다.
* 잘못 만들어진 책은 구입하신 서점에서 교환해 드립니다.

환상한 새우

김광규

시집

도서출판 답게

시인의 말

시를 쓰는 행위는 순수함을 회복하는 길이며 아울러 존재를 탐구하는 여정이다. 그것은 소중한 낭비의 시간이다.

부디 나의 작품들이 일상의 무료함 속에서 삶의 의미를 잃은 사람들에게는 기쁨의 노래가 되기를 바란다. 더 나아가 현실의 절망 가운데 헤매는 상한 영혼들에게는 위안의 빛으로 남기를 간절히 소망한다.

2009년 봄날
김 광 규

제 1 부

환생한 새우 • 12
고구마를 먹으며 목이 메이다 • 13
톱니바퀴로 도는 우리들 • 14
아카시아꽃잎에 대한 추억 • 16
세 사람의 건널목 • 18
탁구공 • 19
낙지의 자리 • 20
발의 생각은 • 21
진흙길을 가네 • 22
송곳 • 24
기차바퀴의 꿈 • 25
누이가 있으면 좋으련만 • 26
도시의 엘리지 • 28
나의 꿈, 나의 솔개 • 29
두더지 • 30
음표를 찾아서 • 31
물로 흐르다가 • 32

제 2 부

양파 • 36
살색 풍선의 꿈 • 37
중년을 위하여 1 • 38
중년을 위하여 2 • 39
4:1의 싸움 • 40
엘리베이트를 타다 • 41
돈 • 42
다섯 번씩 죽는 조기 • 43
이사 가던 날 • 44
팽이 • 45
마네킹 1 • 46
마네킹 2 • 47
마네킹 3 • 48
황사 • 50
분노의 호도 • 51
국화차를 마시며 • 52
아픔의 장독 • 53

제 3 부

승부역에서 • 56
내성천을 지나며 1 • 58
내성천을 지나며 2 • 60
풍향계 • 61
장미 • 62
바람 솜 • 63
소아암 병동을 지나며 • 64
타이어 펑크 나지 말라고 • 66
봄날 • 67
탐욕 • 68
귀가 • 69
모닝커피가 이토록 쓴 까닭은 • 70
이별 후 • 71
큐피드의 화살 • 72
들판에 서서 • 74
반전 • 76
김밥의 시간 • 77

제 4 부

탑 • 80
게 • 81
속죄 • 82
새 • 83
강물 • 84
사랑하지 않아서 • 86
참회 • 87
푸른 연기 • 88
낙엽 비가 • 89
대장간의 노래 • 90
실직 • 92
겨울바다 • 94
실연기 • 95
손끝에 박힌 가시 • 96
발톱에 대한 단상 • 97
돌아온 탕자처럼 • 98
어떤 흔적 • 99

환생한 새우

살아있음은 무거움이고
죽음은 가벼움인가
암갈색 생새우가 죽어
연분홍빛 마른새우가 되고
죽은 새우가 환생하여
누런 새우깡이 되었다
바닷바람에 부대껴
간간해진 몸
그래도 못미더워
소금과 더불어 볶인 뒤
식물성 기름에 튀겨져
만신창이가 된다
바다를 떠난 후
머리도 가슴도 잃어버린
무골의 육신으로
심해같은 고요
진공 포장된 비닐봉지 안에서
등배운동을 하는 그대
굽이치는 파도로 인해
등 굽은 삶은
유영의 날을 꿈꾼다.

고구마를 먹으며 목이 메이다

울 수도 웃을 수도 없는 현실
팍팍한 삶에 목 메인 우리는
인생이 이렇게 물컹할 수 없을까 생각하며
삶은 고구마를 먹는다
행여 목 막힐까봐
푸른 열무김치와 찬물을 옆에 둔다
빙빙 돌리며 진분홍 껍질을 까노라면
김이 모락모락 피어나는
샛노란 속살
들고 있을 수도 놓을 수도 없는
뜨거운 고구마
한입만 베어 물어도
목이 메인다
먹으면서도 우리는
목이 메인다.

톱니바퀴로 도는 우리들

어느 아스팔트길 위에
윤회의 바퀴를 돌리는
기계적인 사랑 놀음
누가 우리에게
이토록 오랫동안
운명의 태엽을 자꾸 되감아 놓았을까
지금
그대와 나는
차가운 손을 맞잡고
지구본처럼 둥근 원을 그리며
어디론가 자꾸만 구르고 있다
그대의 발걸음이 빠를 때는
총총 걸음
그대의 발길이 무거울 때는
소걸음이었던 나
누가 주인이고
누가 노예인지도 모른 채
우리는 언제부터 한 몸이 되었을까
혹시 이러다가 마음이 돌변하면 어쩌나
극한의 대치상황을 연출할지도 모를
온통 송곳니뿐인
저 섬뜩한 이빨들

고구마를 먹으며 목이 메이다

울 수도 웃을 수도 없는 현실
팍팍한 삶에 목 메인 우리는
인생이 이렇게 물컹할 수 없을까 생각하며
삶은 고구마를 먹는다
행여 목 막힐까봐
푸른 열무김치와 찬물을 옆에 둔다
빙빙 돌리며 진분홍 껍질을 까노라면
김이 모락모락 피어나는
샛노란 속살
들고 있을 수도 놓을 수도 없는
뜨거운 고구마
한입만 베어 물어도
목이 메인다
먹으면서도 우리는
목이 메인다.

톱니바퀴로 도는 우리들

어느 아스팔트길 위에
윤회의 바퀴를 돌리는
기계적인 사랑 놀음
누가 우리에게
이토록 오랫동안
운명의 태엽을 자꾸 되감아 놓았을까
지금
그대와 나는
차가운 손을 맞잡고
지구본처럼 둥근 원을 그리며
어디론가 자꾸만 구르고 있다
그대의 발걸음이 빠를 때는
총총 걸음
그대의 발길이 무거울 때는
소걸음이었던 나
누가 주인이고
누가 노예인지도 모른 채
우리는 언제부터 한 몸이 되었을까
혹시 이러다가 마음이 돌변하면 어쩌나
극한의 대치상황을 연출할지도 모를
온통 송곳니뿐인
저 섬뜩한 이빨들

그러나
서로의 살점을 찌르지 않고
정답게 맞물려 간다
긴장된 몸은
가끔 윤활유에 적시며.

아카시아 꽃잎에 대한 추억

눈으로만 보고
몸으로 만나는 사랑이 아니라
속말을 주고받는
아니 속말도 아끼는
그런 사랑이라면 좋으련만

욕정의 손가락 끝
군데군데 가시에 찔려
뚝 뚝 핏방울 흘리던 손

상처가 아물 무렵
사랑에 빠진
황홀한 여인처럼
마음 깊은 곳에서 진한 향기를
한없이 펌프질하는 그대여

저 무수한 송이송이
하얀 축복들이
입을 여는 시간
들리지 않는 소리로
나에게 위안의 말을 건다

눈으로만 보고
몸으로 만나는 사랑을 하지 말고
마음으로만 이야기하는
아니 향기로만 주고받는
그런 사랑을 하라고.

세 사람의 건널목

투우사를 향해 돌진하는 검은 황소처럼
빠르고 힘센 열차가
뿔을 앞세우고 달려오고 있다
경적이 울리는 건널목에
나란히 도열한 세 사람
저마다의 생이
차단기 앞에 가로막힌다.

철가방을 손에 든
오토바이를 모는 청년은
레일 위를 구르는
차바퀴를 보고 있다
자전거를 모는 중년의 남자는
침목 사이에 돋아난
들꽃을 보고 있다
폐지를 한 가득 실은
리어카를 끄는 노인은
산 너머 먼 고향을 보고 있다.

탁 구 공

언제 꽃잎에 앉으려나
바람의 일격을 잊은 채
아직도 풀밭 위에 나풀대는
셀룰로이드* 나비 한 마리
붉은 라켓에 난타당해도
역회전에 걸려
허공 위에 온몸 어지러워도
결코 소멸되지 않는
마음의 탄력이여
똑딱 똑딱
시간의 추를
교대로 울리는
공수의 푸른 노래가
탁구대 위에 메아리진다
속을 비워야
무거운 평정이 온다는 것을
깨닫는 아침이다.

* 탁구공을 만드는데 사용되는 재료(celluloid)

낙지의 자리

그대는 정녕
낙도에 유배된 선비
시름의 무게로 추락하여
갯벌 속에
생을 파묻고 말았다
얕은 해저
여덟 개의 발로 너울대며
세파를 헤쳐 가는 힘
밑바닥을 훑는 고행이 시작된다
머물다 간 빈 자리
움푹 패인
시간의 좁은 동굴마다
그대가 토한 먹물 때문에
바위도 검다.

발의 생각은

발목아래 이 곳은
흑암의 동굴
백주에 무슨 일이 일어났는지
도무지 알 길이 없다
구두코에 한 세월 짓눌려
숨죽이며 살아온 나날이었다
양말의 베일을 벗기면
땀 절인 하루
생의 비밀이 속속들이 드러난다
저마다의 자리에서 이탈하지 않고
열개의 슬픔으로 꼼실대는
생명들의 노래를 듣는다
고린내로 속 절인
아픔의 시간이
망각의 비누거품으로 풀리고 있다
아직도 어디론가 가야할 열정은
구들장 같은 온기
족적을 기억하지 못하는
굳은 살 박힌 발바닥이여
돌아보면 그것은,
육포처럼 납작하게 살아온
나의 행보였다.

진흙길을 가네

발목을 잡는
끈적이는 지신의 손
뿌리치며 가네
느린 걸음으로
마음에 빗금을 치는 비를 맞으며
빗길을 가네
빗길에 서네

젖은 신발
축축한 양말이 문제가 아니네
질퍽이며 뒤따라오는
발자국을 발견했네

부드러운 황토
향기로운 뿌리의 영역으로 들어가는
침잠의 시간

여태까지 나를 찾아 헤맨
머나먼 길
그것은 메마른 길이었네
그곳에 나는
보이지 않았네

가로수 울며불며
쓰러지려하네
바람 휘몰아치는 날
빗길을 가네
빗길에 서네.

송 곳

네 손잡이를 잡고
어느 가슴 깊은 곳을 향해
빈 구멍을 뚫어
상처를 내지도 않았는데
방안에 감도는 살기
연삭기 위에
목 놓아 울었던
아픔의 시간들이
원한으로 굳은 탓일까
가만히 누워서도
허공의 꽃무늬를 정교하게 찌르는
싸늘한 저 쇠꼬챙이
세상에 부대낀
무데진 마음 벼리러
검은 살과 뼈를 깎아
가늘고 흰 침으로 화한 그대

기차바퀴의 꿈

검은
추억 속의 터널을 빠져나왔다
젖은 몸을 말리는 기차는
목 쉰 기적을 울리며
용트림을 한다
무료한 대지를 통과할 때마다
조금씩 흔들리는 지축
졸음에 겨운
퀭한 눈의 기관사 앞에
끝없는 직선과 곡선의 강이
무섭게 범람하고 있다
생의 뒤안길 반추하듯
꼬리가 긴 화차
침묵의 음절을 밟고
어디론가 느릿느릿 끌려간다
적재된 화물의 형체도 모른 채
결코 교차되지 않는
평행의 길
적막의 레일을 구르며
어지럼증에 걸린 바퀴는
탈선을 꿈꾸고 있다.

누이가 있으면 좋으련만

변변한 직업도 없이 불쑥 나타나
용돈 뜯어가는 동생보다는
차라리 누이가 있으면 좋으련만
잘해 준 것 아홉 가지는 온데 간 데 없고
단 한 가지 서운한 일을 빌미로
욱하며 대드는 동생보다는
착한 누이가 있으면 좋으련만
불륜으로 불행할
세상의 오누이지간이 아니라
진짜 누이가 있으면 좋으련만
연인처럼 다정히
커플티를 입고
그의 손목을 쥔 채로
끝없는 수다를 들으며
온 종일 함께 걸어가리
행여 생활이 쪼들릴 거라는
낌새가 있어도
황급히 집으로 달려가
아내 몰래 비자금 통장을
고스란히 건네주어도 아깝지 않으리
말끝마다 감겨올
정말 정다운 그 말
<오빠, 오빠>.

도시의 엘리지

황혼의 불길에
하늘이 검게 타버리고 말았다
개펄 속 같이 찐득이는
눈 감은 어둠사이로
비치는 네온
관능의 기지개를 켜며
도시의 붉은 피가 돌기 시작한다
흰 와이셔츠 소매 끝에
반질거리는 비굴의 흔적
때 묻은 하루를 반납하기 위하여
팝콘처럼 우르르
거리에 부려지는 긴 그림자들
스스로 용도폐기 되지 못한 아픔을
호주머니 속에 감추고
망각의 깊은 밤
늪 속으로 발목이 빠진다
고장 난 시보기이듯
난데없이 울리는 휴대폰 벨소리
실종되지 않은 자신을 알리고 있다.

나의 꿈, 나의 솔개

한풍 휘몰아치는
하늘 바다에
조각배로 떠가던 나의 꿈은
마침내 구름 바위에 나포되고 말았다
아무도 돌아오지 않는
스스로 허기진 빈 벌판
멀리서 희미하게 한 사람이 보인다
푸른 허무의 높이에서
암갈색 욕망으로 떠 있는
솔개 한 마리
서로가 마음의 가늠자로
과녁을 바라보고 있다
내가 쳐다보는 것은
하늘의 거리
그가 내려다보는 것은
지상의 깊이.

두더지

갈급한 새벽
출렁이는 마음의 파도를 가르며
한없이 간다
겹겹이 포개진 아픔의 덫을 찾아
억압의 터널을 뚫는
자유의 송곳으로 화한 그대여
다시는 뒤안길 돌아보지 않으리라
아찔한 죽음의 깊이로
아득한 생의 너비로
흙속의 빛을 찾아 헤매는 우리는
지금쯤 하얀 실뿌리 그늘에 누워
조금씩 썩어가는 모든 것을 위하여
기도할 준비가 되었을까
온기를 뿜는 마그마로 인하여
네 땀 젖은 손은
아직 따스하다
지열의 은혜가
안개처럼 임하는 이때에.

음표를 찾아서

여든 여덟 개의 평온으로 누운
피아노 속 나무해머는
현을 내려치는
격정의 순간을 기다리고 있다
악보에 빼곡하게 적힌
내 삶의 음표가
소리 없이 눈발처럼 나부끼며
건반 위로 내려앉는다.
손가락 마디마디
용수철로 박힌 네가
그리운 음표를 찾는 순간
나는 깊은 어둠속으로
증발되고 말았다
환희의 소리를 들으며.

물로 흐르다가

등을 굽혀 흘러도
등을 젖혀 떠가도
끝나지 않는 여로
그대의 뜨거운 눈물
차가운 계곡을 적시며 갈 때
멀리 대숲에서 숙성된
푸른 바람이 내게로 불어옵니다
딱따구리에 두들겨 쪼이는 참나무처럼
시련의 바위에 난도질당하며
온몸 곤두박질치게 하는 추락도
이렇게 아름다울 수가 있습니다
세상을 향한 그대의 외침에
사람들은 귀를 기울이고 말았습니다
오래도록 그대 마음에 타오르던
하얀 불꽃
마침내 포말이 되었습니다.

내 가슴 깊은 곳에
숨어있었던 고요가
이제는 우렁찬 노래로 변했습니다
언젠가는 얼음으로 굳을 사랑이 두려워
흩어진 몸과 몸을 부둥켜안고
우리는 이렇게 표표히 흘러갑니다
슬픔도 포용하는
물의 사랑으로.

2부

양 파

눈부시게 흰
속살 드러내어
행여 그대를 유혹할까 두려워

한 여름 뙤약볕에도
겹겹이 옷을 껴입었습니다.

살색 풍선의 꿈

입술에 더운 사랑 힘껏 불어 넣어봐
끈적끈적한 욕망의 타액
적당히 목에 넘어와도 괜찮아
내 한 몸 팽창해 터져도 좋아
공중분해 된 살점
뚝 뚝 떨어져나가도 도리 없어.
강냉이 튀밥처럼 부푼 꿈
탱탱한 몸
매끄러운 살 양말의 감촉
부드러운 살결의 나를
어디한번 가슴 으스러지게 안아봐
나를 찌르는
날카로운 손톱도 없는
은혜로운 허공 속의
새들과의 즐거운 유영이었어.
구경꾼들의 환호성도 시끄러워
이제는 홀로 남은
무한의 자유도 무료해 졌어
어서 날 겨눠 봐
너의 차가운 화살에
장렬히 맞고 싶어.
허영의 몸
조그마한 진실이 되어
너의 품속으로
푹
꺼지고 싶어.

중년을 위하여 1

훈계가 끝이 나면
각자의 방에 돌아가
안으로 방문을 잠그는
포플러 나무로 자란 아이들
말참견이 잦은 아내로 인하여
말은 어눌해지고
뱃살 오른 몸은
거실을 박차고 나가지도 못한 채
어정거릴 따름이다
전신 거울에 비친 상반신
굴욕의 무게에 눌려
균형을 잃은 어깨
검은 서까래처럼
분노도 삭는 것일까
빈 집 조금씩 허물어지듯
삶이 무릎으로 내려 앉아
내 키가 점점 작아진다.

중년을 위하여 2

시간의 강물 위에 누워
무심결에 떠내려 오다
굵다란 맹독성 뱀에게 휘감겨
다리가 덥석 물리는 꿈에 놀란다.
전신에 독이 퍼져
주입된 나이는
쉰 넷으로 부풀어
겨드랑이에서 쉰내가
슬며시 뀐 방귀처럼 피어오른다.
잔돈을 받고 싶지 않는 마음으로
여생을 몽땅
어디엔가 저당 잡히고 싶다.
질벅이는 빗길
내리막길 걸어오다가
수렁에 발목이 빠진다.
무능의 미끄러운 바닥
오래도록 짓이기고 싶어
무거운 발길 옮길 수 없다.

4:1의 싸움

오른쪽 양말을 벗으면
속속들이 드러나는 발의 비밀
서로의 영역 다툼으로
밀고 밀리다가 지쳐
꼼지락거리는 시간 속에
발가락은 기울어져 있다
엄지, 검지, 중지, 약지는 오른쪽
새끼발가락만 왼쪽으로
네 개의 원심력과
하나의 구심력이
팽팽히 맞서고 있는 지하의 방
죽은 소의 가죽 속은 고요하다
발톱이 뭉개지도록
세상에 저항하며
제 자리를 지켜온
이 땅의 새끼발가락들
외롭지 않으리, 외롭지 않으리
그 작은 발가락 밑은
늘 경계태세에 돌입한 듯
칼날처럼 날카롭다.

엘리베이터를 타다

날개를 접고도
한없이 날아오르는
수직의 꿈

마침내 오만의 성에 이르러도
끝내 열리지 않는 하늘
날개 달린 천사는커녕
흰 나비도 보이지 않는다.

지은 죄 없이
우두커니 서 있지만
나의 추락을 걱정하며
나사처럼 옥죄어 오는
사면의 벽

잠시 멀어버린 귀는
누군가가 흥얼거리고 간
랩 한 소절도
다시 담을 수 없다

빈 가슴 쓸어내릴까봐
줄곧 망설여지는
하강.

돈

허영의 그림자를 쫓아
욕망의 날개로 파닥이던
아픔의 나날이었다.
집착의 손때로 묻어
회전목마처럼 돌고 돌아
마침내 너는 내게로 다시 왔다.
헤진 소매 깃처럼
닳고 닳은 생애
투전판에 내동댕이쳐지고
좌판위에 눈보라치던
울분의 나날들이여
사채이자 갚지 못해
지문이 지워지도록
빌고 또 빌었던
굴욕의 얼굴도 기억하리라
이전투구의 벌판에 서서
땅 속에 묻히지 않고도
썩어가는 우리들이 아니었던가

다섯 번씩 죽는 조기

<모든 생명은 한번만 죽는다.>는 말은 어폐가 있다. 조기야, 너는 왜 사람들과 철천지원수가 되었니? 부관참시로도 두 번만 죽을 뿐인데. 어부의 그물에 잡혀 숨을 거두고, 냉동실에 얼려 동사하고, 연탄불에 화형을 당해 또다시 죽는구나. 그것도 모자라서 피도 나지 않는 노란 살점은 송곳 같은 쇠 젓가락에 푹 푹 찔리고. 마지막으로 톱니 같은 이빨에 푹푹 씹혀 산산이 부서지는구나, 흰 뼈만 남기고. 아 참. 나도 직장에 출근하면 하루에 몇 번 죽을까.

이사 가던 날

액자를 걷어 낸
거실 벽 군데군데
식솔들의 노래와 탄식
콘크리트 대못으로 박혀있는 곳
뗄 수 없는 사랑으로 남은
빛바랜 벽지가
누렇게 뜬 아침
아파트 아래
이삿짐 트럭이 와 있었다.
손때 묻은 종이 상자 안
추억처럼 쌓인 세간 살이
함께 떠날 것을 알고
정답게 포개진다.
아찔한 고가사다리에 놓인 짐들이
급강하 하면서
인연의 고리
뚝 뚝 끊어지는 소리를 낼 때
이곳이 나의 집이었음을 증언할
낡은 구두 한 켤레
발목 깊이로
먼지 낀 세상을 담은 채
빈 거실을 향해 엎드려 있다.

팽이

한겨울 얼음장 위에
못 박히지 않는 사랑으로
채찍 맞으며
팽이가 돈다
팽이가 돌지 않는다.

인고의 세월 뒤안길
있는 듯 없는 듯
늘 제자리에 돌아앉은
흐트러짐 없는 여인

색동옷 입고 외발로 선 채
곁길을 넘보지 않고
한곳에만 맴돌아도
현란한 춤

몸서리치게 바람불어도
옷자락 펄럭이지 않는
저토록 아름다운 절제로
쓰러지지 않는 그대여.

솔개 한 마리
하염없이 맴도는 하늘아래
채찍의 고통을 잊고
팽이가 돈다
팽이가 돌지 않는다.

마네킹 1

클래식 음악이 흐르는 신사복 매장
읽다가 발아래 내려놓은 책은
낡은 표지의
찰스 디킨즈의 영문 판 소설
그것은 한평생 버릴 수 없는
너의 지성이다

움직이지 않아도
격조 높은 매너
말 한마디 없어도 너는,
뛰어난 언변의 사람인 것을

문득
등 뒤에서 들리는 부드러운 음성
넌지시
구매를 권유하는
절제된 표정의 얼굴이다.

마네킹 2

도시의 불이 다 꺼져도
매장을 지키는 충실한 파수꾼
입지 않은 속옷의 비밀과
칼로 빚은 조각 몸매의 신비는
그 어떤 양복지로도 덮을 수 없는 법

세상은
쇼윈도 밖과 쇼윈도 안으로만
존재할 뿐

분주히 오가는 사람들이
차례를 기다리며
감기지 않는 네 눈동자에
말없이 생기를 불어 넣는다

아마도 내일이면
로봇들이 다니는 빛의 거리로
너 역시 사뿐히 걷게 되리라.

마네킹 3

만날 수 없는
지친 사랑 때문에
푸른 칼날에 스스로 목 베인
기억은 멀어져
아프지 않는 아픔이 되었네

족쇄는 발목에 채워지지 않았지만
쇼윈도 세상 밖으로
단 한 걸음도
내 디딜 수 없는
우리들의 게으른 자유

애증의 매장 안
권태의 맷돌 돌 듯
잔물결로 파닥이는 음악
느린 첼로음의 하중을 견디며
체념의 다리는 화석으로 굳어져가네

눈부신 흰 와이셔츠 옷깃으로
낙하하는 저 고독의 먼지들
묵묵히 헤아려보네

실크보다 부드러운
맨살의 냉정을 향하여
땀 젖은 누군가의
거친 손길이 닿기 전에
선혈 한입 가득 품어
넥타이에게 뿌리고 말았네

어디엔가 슬픈 표정으로 있을
멀리 떨어져 나간 얼굴을 찾아
조금씩 몸통이 떠오르는
낮 꿈을 꾸네, 하염없이 꾸네

온몸 식은땀 주르르
검은 정장을 적시네
소리도 없이.

황 사

티끌은 함께 모이지 않아
산이 되지 못한 자신을
한탄할 따름이다

나의 텅 빈 하루를
자루로 끈추세워도 담을 수 없는
허공에 매달린 절망의 흙가루

목 쉰 새 한 마리
떠도는 원혼처럼 헤매는
저 메마른 들판
손톱으로 북북 긁으며
슬픔의 끝에서 달려와
혼미한 나의 잠을 깨우러 온
바람도 멎었다

먼 하늘만 바라보다
길을 잃은 사람들
더 이상 걸음을 재촉하지 않고

슬픔 없어도 흐르는
뜨거운 눈물
마스크를 적셔갈 때
흙빛 안개도시는
땅 속으로 가라앉고 있다.

분노의 호도

다듬잇돌 위에 올려놓은 황소눈깔만한 호도가 갑자기 온몸으로 나를 노려보고 돌진하려 한다. 여차하면 선제공격으로 골프공처럼 날아와 이마 정통을 때려 선혈을 낭자하게 할지도 모른다. 깰 테면 깨보라는 듯 내가 든 망치는 안중에도 없다. 그러나 눈감으면 아름다운 속살을 고이 감추고 살아온 힘겨웠던 세월이 주마등처럼 지나고, 서로의 탐색전에서 기가 꺾여 백기를 든 것은 나. 문득 내 몸속에는 호두알 같이 부드러운 내가 없음을 알게 된다. 노기에 찬 내 팔뚝이 슬그머니 내려진다. 멀리서 바람결에 호두 껍데기 무참하게 깨지는 소리가 들리는 저녁이다.

국화차를 마시며

그렇게 가버린 가을은
모든 것을 마르게 하는 힘을 지녔다.
여린 햇살 등에 지고 다니다가
시간의 손톱에 할퀸 나는
샛노란 꽃잎처럼 야위어져 가고

돌아와
찻잔 속에 빠진
네 슬픔을 헹굴 무렵
너는 다시 꽃잎으로 피어나고 있다.
한 모금, 또 한 모금
예전의 그 진한 향기로

아픔의 장독

눈부신 대낮에도
장대비 후려치던 날에도
줄곧 어둠이었던 나는
네 가슴 속
캄캄한 세상에 갇힌 침묵이었다

그러나
마음에 실금이 생긴 이후
우리들의 사랑은
짜디짠 물로 누수 되고

굳게 닫힌 뚜껑 속
밀봉된 시간
곰삭은 아픔이 부글거릴 때에도
너를 외면하고 말았다.
이미 온몸이 발효된 나였으므로

3부

승부역에서

객차 맨 뒷칸
마지막 난간에 기대어
내 삶의 검은 궤적
영동선 레일 위에
낱낱이 고하며 달려온 뒤안길

기차는 기적을 울리며
몰아치는 바람 앞에 사람을 내리고
사람은 무욕의 눈밭에
때 묻은 등짐을 부린다.

태초의 고요
시간의 맷돌이 멈춘
저 원시림의 골짜기는
마침내 한 마리의 산새를 풀어 놓았다.

세 평의 하늘만 차지해 놓고도
미안해하는 역무원이 있는 곳

기다리는 사람 없어
오지 않는 사람을
하염없이 기다려야 하는
무념의 대합실 창밖에
은백색 고드름 떨어지는 소리

귀향인도 출향인도 아닌
나를, 이렇게 데려와
고향의 그리움 일게 하는
마음의 종착역이여.

내성천을 지나며 1

검은 돌다리를 휘돌아
은물결위의 마른 풀잎 하나
둥 둥 빈 배로 흐르는
수줍은 세월이런가.

내 몸 속 깊은 곳
흑암의 동굴을 빠져나온
탐욕의 덩어리가
비릿한 물고기 비늘로 차오를 때
젖은 나의 하루를
황금 노을에 태우리라.

눈물 뿌리며, 눈물 뿌리며
허공에 점점이 박히는
메케한 살 내음
한 줌 재로 남아
어둠 저편 후미진 곳에
잔별로 돋아 날
그리움의 알갱이들

잃어버린 물건 없어도
강변을 찾는 군상들의
처진 어깨를 어루만지러
억새풀들 무리지어
뚜벅뚜벅 걸어오고 있다.

포말 속에 공회전하는
물 위의 시간 위에
진종일 쌓인 곤고한 삶의 찌꺼기
낱낱이 바람결에 흩날려도
알곡은 저만치 아득한데

애련의 가지 끝에 매여
돌아가지 않는 물새 한 마리
안개에 몸 적시며
나를 지켜보고 있다.

문득 귓전에 다가와
나의 죄를 묻는 저녁 종소리.

* 경북 봉화읍에 흐르는 내

내성천을 지나며 2

늦은 겨울 내성천에
물고기 떼 숨 좀 쉬라고
얼음도 드문드문 얼었다.
매끄러운 고요 위
하얀 돌 외롭게 보여
수 백 마리의 오리들
검은 돌로 박혀있다.
겨울의 끝 날까지
떠나지 않겠다고 맹세하듯
붉은 곡면의 물갈퀴로 서서
얼음에 화인을 찍는 중이다.
방금 이별을 하고 온 나는
갈대밭 뒤에 우두커니 서서
얼음 녹는 소리를 듣는다.

풍향계

떠나간 사랑이
파도로 밀려오지 않는 봄날
이끼 낀 방파제를 지나
먼 저편 하늘아래
흰 돛배와 마주보며
한없이 씨름했던 바람을

기다림의 언덕에
바람 불어도
바람 불지 않아도
내가 그리워하는 곳을
함께 바라보았던 너

내 마음의 구멍 뚫린
허전한 곳에
또 하나의 아픔으로 꽂히려나.
맴돌지 않는 저 섬뜩한 쇠 화살촉이여.

장   미

바람 한점 없고
오가는 사람 하나 보이지 않는
한 여름 대낮의 고요

햇살 눈부시다고
휘파람새 제아무리 울어도
그것은 깊은 어둠이었네

달콤한 포도주 입술에 취해
농염한 체취에 젖어
마비된 나의 온몸

맨살 군데군데 가시에 찔려
피투성이가 된 사랑의 흔적

회상의 잔디에 누워
행복한 아픔을
노래하듯 되 뇌이네

이제야 깨닫게 되었네
쾌락은 허무와 인사하고
허무는 쾌락을 갈망했음을.

바람 송

물보라 허공 속
거친 바다와 춤추어도
푸른 물 깊이로
몸 적시지 않으리.

산 메아리 울어대는
험산 계곡에 갇혔을 때
잎잎 흔들리도록 입맞춤해도
물 배지 않았던 사랑

오지 말라 무릎 꿇으면
머리채 감아 회오리 치고
가지 말라 눈물 흘릴 때
어느새 언덕을 넘던
바람 같은 그대여

뭉게구름 이고 가는
하얀 속 털처럼 가벼운
저 무한의 날개

그것은 나를 짓누르는
침묵의 무게인 것을.

소아암 병동을 지나며

하얀 냇물 줄기줄기
푸른 벌판에 스미듯
네 눈의 뜨거운 눈물
움푹 꺼진 베갯잇을 적시고 있더구나.

네 어머니가 잠시 자리를 비운 사이
라일락 향기가 문안을 와도
감방의 철문인듯
슬픔의 창문은
끝내 열리지 않더구나.

세상 모두 너처럼 아팠으면
이렇게 억울하지 않을 텐데
세상 모두 너처럼 누웠으면
이토록 갑갑하지 않을 텐데

한걸음씩 걸을 때마다
머리 위로 주렁주렁 달린 운명의 링거 병
그것은 좌우로 흔들리는 생사의 추
아, 링거액 한 방울로
이어진 가느다란 저 생명 줄을.

실낱같은 희망의 알갱이들이
가습기에서 뿜어져 나온 수증기와 함께
빡빡 밀어도 듬성한 머리
네 머리카락 위에
사뿐히 깃털처럼 내리더구나.

맥없이 천장만 바라보는 너를 두고
병동을 빠져나온 나는,
황사 불지 않는 봄날
불편하지 않는 마스크를 착용하고 있다.

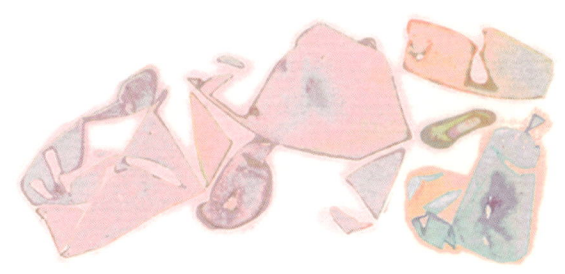

타이어 펑크 나지 말라고

내가 못을 줍는 일은
길 건너 카 센터 주인이
싫어할지 모르지만
다른 사람들은 다들
좋아 할 것 같습니다.

애견 민민이와 산책하러 나갈 때는
두리번두리번 고개를 숙여
가을날 알밤 줍듯
못을 찾습니다.
낡은 못, 새 못
대못, 나사못 가릴 것 없이.

인도를 거닐다가도
아스팔트의 못까지 주워내는 나를
아내는 성화를 내지만
이 일은 어느새 일상이 되었습니다.

어떤 때는 못으로 오인하여 주운
나뭇가지 동강 하나
손바닥에 올려놓고
'야, 너는 왜 못이 아니니?'라고
호되게 다그칩니다.

봄 날

뻐꾸기 울음 맞아 떨어진
진달래 꽃잎 하나 주워
겸손의 높이로 흐르는 시냇가
징검다리 위에 홀로 서서
먼 그대를 생각하며
봄 편지로 띄웁니다.

마음의 비옥한 지평위에
넘실대는 청 보리 물결
지상에서 천상으로
사랑의 기쁨을 노래하며
아스라이 멀어져간 종달새 한 쌍

몽롱한 눈으로 좇고 있는
아지랑이를 뚫고
풀피리 소리 가득할 때
젖은 나의 꿈들은 비늘을 털고

풍선을 하늘에 빼앗긴 아이처럼
빈 마음의 나는
먼 곳을 향해
민들레 홀씨를 타고
둥둥 떠갑니다.

탐 욕

경북 봉화군 유곡리
안동 권씨 집성촌 닭실 마을
개울을 건너
비탈길을 올라가 밤을 줍는다.

아름드리 다섯 그루의 늙은 밤나무
바람 불어도
알밤을 좀처럼 떨어뜨리지 않는다.
마음의 방향을 바꾸어
막대기를 주워들고
풀숲을 뒤적이며
묵은 알밤을 찾는다.

갈 때는 몇 개만 주우려고 해놓고
주체할 수 없는 욕심은
어느 새 주먹만한 혹으로 부풀어
돌아올 때는
바지주머니 양쪽을 불룩하게 해 놓았다.

쌀독에 쌀이 그득해도
청설모의 겨울나기 양식을 갈취한
부끄러운 나의 양심.

귀　가

멀리서 들리는 저녁 종소리
무거운 파편에 맞아
줄 지어 날던 새들
추락한 듯
보이지 않습니다.

언덕길 내려가면
절하듯 엎드린 오두막집 한 채
친근한 어둠을 맞으러 가는
나의 푸른 빈 꿈들은
연기되어 타오릅니다.

산기슭 먼 곳에서 흘러와
여울을 에돌다
오도 가도 못하는 젖은 꽃잎은
목을 젖히고 누워
구원의 바람을 기다리고 있습니다.

저마다의 칼집이 칼을 기다리듯
집은,
사람을 그리워하는 사람이 있습니다.

모닝커피가 이토록 쓴 까닭은

기나긴 겨울 밤
어둠을 우려 낸
검은 물 한잔 휘저을 즈음
진한 향내의 울림이
거실 곳곳에 촘촘히 스며듭니다.
나무껍질 같은
마른 입술을 적시며
식도를 데우는 온기는
차라리 악마의 술이었습니다.

그대를 보낸 후
잊는다고 해 놓고 잊지 못하는 밤
밤새 나와 함께 잠 못 이루며
가물대는 촛불
가느다란 심지로
애간장 야금야금 타들어갑니다

흰 눈보다 눈부신 연유를 섞어도
모닝커피가 이토록 쓴 까닭은
서러움의 눈물 몇 방울
떨어졌기 때문입니다.

사랑처럼 달콤한 각설탕을 넣어도
모닝커피가 이렇게 쓴 까닭은
스푼 위에 응고된
내 아픔의 씨앗들 알알이
뜨거운 물에 녹아내렸기 때문입니다.

이별 후

뒤돌아보지 못한 채
휘몰아치는 바람에 떠밀려
한 참을 걸어온 뒤안길
그리움에 옥죄인
발목은 석고처럼 굳고
젖은 육신은 아픔도 잊은 채
강심에 갇혀
자꾸만 허우적대고 있다

사라질 산그늘 아쉬워
걸음을 멈춘 사람은
쓸쓸한 그림자를
마른 풀잎 위에 눕히고.

서러워않으리, 서러워않으리
마지막 목쉰 사랑의 노래를
절망의 높이에서
울먹이며 울먹이지 않으며
공중에 심고 가는
저 외기러기의 하얀 꿈을.

큐피드의 화살

내 평생 네 명의 소중한 여자는
어머니, 아내 그리고 두 딸 뿐인데
짙은 밤꽃 향기 흩날리던 날 밤,
병약한 동물이
포식자의 제물 되듯
외롭고 여린 사람에게
어릴 적 따끔한 주사 바늘의 기억처럼
사랑의 화살이 꽂혔어요.

숲 속을 거닐다
벌집을 잘못 건드려
온몸 송두리째 땅벌에게 쏘이듯
사랑의 화살이 꽂혔어요.

새벽이 되어도
깨어나지 않는 술기운
독주에 취한 듯
끝나지 않는 통증이었어요.

창문을 열면
그대의 검은 눈동자
춤추듯 공중에 아른거려요.

얼굴은 죄지은 듯 홍조를 띠고
지금은 마음의 발전소에서
그대를 향해 휘몰아치는 열정의 바람
발길 내딛는 곳마다
불길로 타요.

들판에 서서

빈 가슴 채우려다가
그림자만 길었던 나날들
아직도 진실하지 못한 채
회유의 바람을 맞이하네

외로움 안으로 흔들며
고뇌의 높이만큼
가느다란 가지 끝에 찔린
검은 비닐봉지 하나
이제는 내 마음과 하나 되어
먼 침묵의 산
산마루 넘어 본향을 바라보네.

천둥 몰아치던 여름 날
아련한 상흔의 기억은
콤바인 지나간 바퀴자국으로
촘촘히 박혔는데

한없이 무논을 적셨던
우리들의 푸른 사랑
이제는 속절없이 목 잘려
절망의 짚단만 세워 놓고
부황 든 벼 그루터기로 남았네.

하늘 한 가득
허무를 수놓던 철새들
만종의 파편에 맞아
갑자기 저문 강에 빠지러 하네.

반 전

제주도 땅 덩어리만한
케냐의 마사이 마라 국립공원
이곳에 와서야 비로소
사람과 동물의 역할이 뒤바뀐다
사파리 여행을 온
버스 안의 우리는
우리 속에 갇힌
초라한 동물일 뿐
풀밭 위에 동물들은
게으른 자유를 누린다
밀렵꾼과 흡사한 얼굴의
수렵금지 구역의 사람들은
방아쇠 대신
카메라 셔터만 누른다.

김밥의 시간

차돌처럼 차디찬
생김의 돗자리위에
허기진 몸으로 누웠다
스스로 식욕을 잃은
뜨거운 흰 밥인 나에게
형형색색의 소를 넣고
운명의 김발을 둘둘 마는
그대의 부드러운 손길
나의 몸은 식어가고 있다.
가는 소금의
시간에 절여

탑

소슬한 바람도 숨 죽여 누운
새벽 산사
은은하게 종소리 울리면
원한도 잠재우고
푸른 이끼로 돋아난
그리움 한 다발
흰 구름 한 장을 띄웠는가

오, 이 차가운 고요
무쇠보다 무거운 고뇌를
안개에 적시고
행여 나쁜 길 갈까 두려워
땅 속에 묻은 두 발을.

말없는 노송 한 그루
한 마리 흰 새를
네 머리 위로 날려 보내고 있다.

게

항상 곁길로 향한다고
옆으로만 빠진다고 빈정대는 당신
한 평생 앞길로만 갔지
아니면 호시탐탐 기회를 엿보며 물러났지
아픈 사람이 있는 옆으로
다정하게 다가가 본적이 몇 번이나 있었는가?

속 죄

살구 빛 살점에서
조금씩 검게 타들어간 나의 죄가
마음의 음침한 동굴에 갇혀
이끼로 젖어 있습니다.

공허한 기적만 울리며
단선 궤도 위를 질주했던
쾌락은 차라리 고문이었습니다
안개 속에서도 뚜렷한 것은
사망의 흙빛 얼굴로 모로 누운
나의 피폐한 영혼
조금씩 곧추세워
추억의 햇살 비추는 곳
깃발을 세우며 오는
투명한 바람 앞에 말립니다.
몸 속 보이지 않는
해묵은 때를 벗기듯
비늘로 떨어지는
참회의 눈물방울 방울
새벽이슬로 풀잎위에 구르고 있습니다.

새

흘러도 흘러도
제 몸 씻지 못하는 강물이듯
날아도 날아도
자신을 태우지 못하는 새여,
허 허 공중
촘촘히 박힌 지구의 중력을 지나
무중력을 찾아 가는 길
아득하구나.

저마다 아침의 자리로
황급히 돌아가는 황혼녘
얇은 속 털에 젖은
하얀 그리움을 말리는 시간

탐욕의 무게로 날지 못해
기우뚱거리는 자들이 안쓰러워
하강하는 그대여

콕 콕 부리로 쪼아대지 않아도
어둠의 비늘
조금씩 나풀거릴 때
마음 지쳐 찾아온
금모래 은모래의 밭
대지의 온기를 더듬는
가늘고 긴 너의 다리를.

문득 회환의 눈물방울
오늘도 너럭바위를 조금씩 뚫는다.

강 물

한 때는 메마른 대지였던 곳
울퉁불퉁 큰 돌은 어루만지고
반들거리는 자갈돌은 굴리다가
처량한 눈길의 그대를 위해
갈대 서걱대는 황혼녘까지
물새소리 들려줍니다.

고뇌의 무거운 통나무 하나
머리에 이고
언제나 낮은 걸음으로
깊은 존재의 시간 속으로 침잠하여
낮은 땅을 향하여
소리 없이 기어갑니다.
언덕에서 꽃잎 떨어질 때
물 속 깊이 침묵하는 모든 생명들에게
시든 아픔의 향기를 전합니다.

먼 지평선 보며
솟구치는 분노
강풍으로 일어도
둑 너머 아름다운 세상 저편
기름진 벌판을 범람하지 않으렵니다.
마음 깊은 곳
진 흙 이랑 일구며
단 한번의 역류도 없었던 나날이었습니다.

이제는 다시
작은 나무뿌리로
외로움 흔들며 일렁이다가
흰 구름 따라갈
그리움의 돛배 한 척 띄워봅니다.

사랑하지 않아서

내 마음 기쁨 충만할 때
행여나 진홍 빛 사랑 있을까
한 마리 흰 나비로
당신의 성스러운 꽃밭에 나풀거리며
향기를 일렁이게 하지 않습니다.

마지막 음악이 흐르는
밤늦은 카페에서
단 둘이 남았을 때
백송이 장미 꽃다발을 바치는
무릎 꿇은 애원으로
사랑을 구걸하지 않으렵니다.

만남의 꽃송이 하나가 시들어
헤어질 때 일만 개의 가시로 남아
나의 온몸
구석구석을 찔러 눈물 흘리게 함을 알기에
사랑을 주지도 받지도 않으렵니다.

참 회

통곡의 벽에 서서
진한 눈물 뿌리지 않아도 당신은
내 마음을 아실 것 입니다
당신에게 아픔을 주었던 나날
한없이 부끄러워
남은 살아갈 나날
물처럼 엎드려
낮은 곳에 임하렵니다
당신의 온몸 구석구석
피가 나도록 할퀸
뾰족한 나의 손톱을 싹둑 잘라
한 평생 무디게 살아가렵니다
당신의 나직한 목소리
한 모금의 하얀 입김에도
끝없이 흔들리는
아니,
이내 꺼져버리는
작은 촛불이 되렵니다.

푸른 연기

저녁연기 피어오르는
언덕 외딴집
생명의 밧줄 없어도
느리게 승천하는
청청한 나뭇가지의 혼을
숲은 말없이 지켜보고 있네.
메케한 연기 속으로
눈물 흘리며 걸어가네.
쿨럭이는 나의 기침소리
땅이 조금씩 흔들리네.
언젠가 바람 부는 날
호흡이 멎은 나의 육신도
이렇게 가벼운 무게로
춤추며 올라 갈 텐데.
뭉게구름 놀이에서
보이지 않는 그런 연한 연기로.
남겨진 한 줌 재마저도
유순한 바람에
하얀 꽃잎처럼 흩날릴 그날이여.

낙엽 비가

요절한 삶은 아름답고
죽지 못하는
질긴 목숨은 남루인가
외기러기 눈물방울 떨어져
부황 든 네 얼굴에 얼룩지던 날
마지막 긴긴 떨림
등 굽은 골짜기로 메아리칠 때
너를 위해 무릎 꿇고 기도해도
이승의 그리움 털고
어느새 날갯짓하며
차가운 뿌리로 향하는 뜨거운 너를.

대장간의 노래

달아오른 슬레이트 지붕아래
구석진 곳 어디선가
퀴퀴한 곰팡내와 버무린
막걸리 한 사발
그 절망의 축배에도
그대는 말이 없다

칼싸움 하듯 쨍그랑거리며
철 무덤 속의 피붙이들이
피투성이가 되도록 싸웠던 기억 아득한데
뒤 엉켜 서로의 살점을 닳는
그런 사랑의 시간
마음의 비늘 떨어뜨리며
꿈은 붉게 산화되고 있다.

검은 속죄의 땟물
눈물로 우려내어
작업장 흙바닥을 흥건히 적실 무렵
오열하는 뜨거운 벌거숭이 집어
모루 위에 눕힌다.
이렇게 모질게 난타 당하는 가난은
한 평생 쫓겨 가지 않는다.

우람한 팔뚝의 작은 문신
푸른 나비 땀에 젖어
더 이상 날지 못할 때
허공에 높이 치켜든 것은
가을 들판으로 다가갈
곡옥의 새 낫이다.

실 직

거실의 달력은 빨강, 파랑, 검은색으로 구별 되어
놀 때는 놀고, 일할 때는 일해야 한다고 강요합니다.
그러나 모든 요일과 날짜를 선혈로 붉게 만든
감추고 싶은 마음의 달력을
아무도 볼 수 없어 다행한 일입니다
경미한 혼수상태의 일상
힘없이 밀려난 날로부터
사람과 사람사이 차단막이 한 겹씩 쳐 질 때는
체면치레 동정보다는 차라리
솔직한 냉대가 더 나았습니다.
하루하루가 낮은 포복으로 하수처럼 흘러
마음의 바다위에 폐목으로 일렁입니다.
숙취로 인한 늦은 기상
피곤해서는 안 될 몸이 피곤하여
계면쩍어 웃어봅니다
스스로 재택 근무자인양 착각이 들까봐
인터넷 검색은 하지 않기로 하였습니다.
아내의 친구들이 더 이상 찾아오지 않습니다.
출근한 아내가 차려 놓은 아침상
식은 국물 가스렌지에 얹어 놓고
가느다란 푸른 불로 희망을 데웁니다
현관문을 열고 조간신문을 집어 들면
좀더 세밀한 곳
어쩌면 구직란까지 섭렵할지 모릅니다.

가로수 가지 끝 흙빛 잎사귀들
더 이상 짐이 되기 싫어 스스로 떨어지면
몇 시간 전
출근한 사람들이 지나간 거리를
천천히 디뎌갑니다

겨울 초저녁
포장마차에 들어가
야근한다는 옛 동료 한 명을 불러내어
걸쭉한 안주로 허기를 채우며
소주잔을 주고받았습니다.
금 밖으로 내밀었던 승리한 사람을
내가 아닌 얼큰한 취기가 용서하고 말았습니다.
원한은 뜨거운 국물의 증기로 녹아버렸습니다

마지막 전동차를 타기 위해
서둘러 가야할 집이 있는
늦은 귀가는 행복입니다.

겨울 바다

빈 마음으로 서서
흰 소금에 물 적신
바람을 맞으면 내 몸은,
당분간 굴신이 정지 된
한 마리의 간 고기가 된다

가진 것이 없어
잃은 것 없는 나의 계절
타협은 강한 자의 선택인가
포말 속에 용해되는
뒤 늦은 용서

나직한 갈매기의 울음이
모래에 박힐 때
등대를 지나
서둘러 쪽배를 몰고 오는
희끗하게 보이는 그대의 모습을.

실 연 가

그대가 나를 보내기 전
내가 먼저 그대를 띄웁니다.

더운 마음 식히려
들창문을 열면
희끗희끗한 눈발 사이로
그대의 찬 손
떠가고 있습니다.

애간장 뚝 뚝
촛농으로 녹아내리는 밤
독주로 희석되지 않은
나의 슬픈 연가는
산발한 칼바람 앞에
한없이 난도질당하고 있습니다.

요동치는 함변도 사그라져
담배 연기로 타올라
하얀 재가 되어
새벽을 깨웁니다.

손끝에 박힌 가시

아직 아내가 돌아오지 않아 오른손 끝에 찰거머리로 박힌 가시를 왼손으로 가시처럼 뾰족한 작은 바늘을 들고 빼내려고 했다. 그러나 잘못 찔러 피만 나오고 까만 가시는 동그란 피 속에 숨어버렸다. 제거되지 못한 그 조그만 성가심 때문에 내가 스스로 찔러 생긴 아픔만 더해간다. 가죽장갑을 꼈더라면. 아니면 평소 일을 많이 해서 손끝에 두툼하게 굳은살이 박혔다면 가시는 들어가다가 똑 부러지고 말았을 텐데. 가냘린 여자 같은 손이, 아니 노동을 사랑하는 손마디가 되지 못한 것이 부끄러워 손톱은 노을처럼 붉다.

발톱에 대한 단상

 일에 골몰하다가 눈에 띤 너를 대견해하기는커녕 못마땅하다는 듯이 노려보았지. 무좀에 걸려 괴로워하다가 끝내 누렇게 변한 너를 보며 네 속에 있는 새카만 때만큼 징그러워했던 나날들. 땀에 전 퀴퀴한 양말 속 해진 구두 깔창 위에 납작 엎드려 대낮에도 암흑의 밤을 보냈던 너였지. 퇴근 후 저녁마다 강제로 물속에 집어넣고 어루만졌지만 보름이 지나서야 너의 존재를 알게 되었지. 어느 날 갑자기 나는 악의 근원을 뿌리 뽑겠다고 작심하며 단죄하듯 날 선 손톱깎이를 너에게 들이댔지. 작은 초생 달 모양으로 너를 도려낼 때 생살을 깎는 고통이 있었다면 이렇게 홀대하지 않았을 텐데. 딸깍 소리 날 때마다 너는 나에게서 아픔을 빼앗아 갔지. 깔아 놓은 신문지 위를 지나 세상 밖으로 재빨리 날아가면서.

돌아온 탕자처럼

쾌락은 살점으로 눌러 붙은
등짐인가 봐요
무거운 줄 알면서도
내려놓을 수 없는
슬픔의 죄짐
그림자 길게 눕히고
대문 앞에 서성이는 탕자처럼
저녁 산마루 위에
얼굴 붉히며 떠 있는 해는
아직도 지지 않고 있네요
부자인 아버지여
저에게 새 옷은 거추장스러워요
살찐 송아지를 잡아
향연을 베풀지 말아요
바람에 꺾여 부러진
마른 삭정이
지금 이대로의 나를
받아만 주세요

어떤 흔적

한여름 산길
풀숲 사이로
누군가 몰래 벗어놓고 간
속옷 같은 하얀 허물
바람에 하늘거리는
죄의 옷 벗어놓고
뱀은 어디로 갔을까
질긴 생의 껍질
벗기지 못하는
오래된 나를 남겨 두고서.